COLLECTION

DES

DÉCRETS

DE LA CONVENTION NATIONALE,

ET DES ARRÊTÉS

DU COMITÉ DE SALUT PUBLIC,

RELATIFS

AUX SALPÊTRES ET POUDRES.

Du 8 Brumaire au 27 Ventôse, de l'an second de la République française une et indivisible ;

IMPRIMÉS PAR ORDRE DU COMITÉ DE SALUT PUBLIC.

A PARIS,

DE L'IMPRIMERIE DU COMITÉ DE SALUT PUBLIC.

AN SECOND DE LA RÉPUBLIQUE.

LE COMITÉ DE SALUT PUBLIC

DE LA CONVENTION NATIONALE,

A L'AGENT NATIONAL

du district d

LA loi du gouvernement révolutionnaire te chargeant de l'exécution de toutes les loix ainsi que de tous les arrêtés du Comité de Salut public qui intéressent le salut de la patrie, le Comité a cru devoir te faire connoître les décrets de la Convention et les arrêtés du Comité qui sont relatifs à la fabrication des armes, à l'extraction des salpêtres et à la préparation de la poudre; en conséquence, il a pris le parti de faire imprimer les décrets et les arrêtés qui concernent l'exécution de ces mesures importantes, et de t'en faire adresser un exemplaire, afin de te rappeller les devoirs que la loi t'impose, en les ayant sans cesse sous les yeux. Tu trouveras dans ton zèle républicain tous les moyens de faire exécuter, avec la promptitude convenable, les loix et les arrêtés qui intéressent si essentiellement la chose publique et ta responsabilité.

Les Membres du Comité de Salut public,

Signé, R. LINDET, CARNOT, C. A. PRIEUR, SAINT-JUST, B. BARÈRE, A. COUTHON, COLLOT-D'HERBOIS, et ROBESPIERRE.

COLLECTION

COLLECTION
DES
DÉCRETS
DE LA CONVENTION NATIONALE,
ET DES ARRÊTÉS
DU COMITÉ DE SALUT PUBLIC,
RELATIFS
AUX SALPÊTRES ET POUDRES.

Du 8 Brumaire au 27 Ventôse de l'an second de la République Française, une et indivisible.

ARRÊTÉ du comité de Salut public de la Convention nationale. N.° I.er

Du 8 Brumaire, 2.e année.

LE comité de Salut public, considérant de quelle importance il est, pour la défense de la République, de favoriser, hâter et presser de toutes les manières, la fabrication des salpêtres, dans toute

A

l'étendue de la République ; et apprenant que plusieurs sections de Paris font saisir les chevaux des salpêtriers, ce qui les force à suspendre leurs travaux, et ce qui auroit pour but infaillible d'entraver la fabrication de la poudre à canon ;

ARRÊTE :

Que les chevaux employés à l'exploitation des poudres et salpêtres, tant par la régie que par les salpêtriers, dans toute l'étendue de la République, sont actuellement en réquisition pour ce genre de service, et ne peuvent en être distraits pour quelque autre objet que ce soit.

Cet arrêté sera communiqué sur-le-champ à toutes les sections de Paris.

A Paris, le 8 Brumaire, an 2 de la République une et indivisible.

Signé au registre, ROBESPIERRE, CARNOT, C. A. PRIEUR, B. BARÈRE, R. LINDET, BILLAUD-VARENNE, COLLOT-D'HERBOIS, JEAN-BON SAINT-ANDRÉ.

Pour extrait,

Signé CARNOT, C. A. PRIEUR.

N.° II.

ARRÊTÉ du comité de Salut public de la Convention nationale.

Du 16 Brumaire 2.e année..

LE Comité de Salut public, considérant que l'exploitation du salpêtre doit être provoquée par les moyens les plus efficaces ; que le défaut de chaudières est un obstacle à son activité, et que les moyens employés jusqu'à présent pour s'en procurer, ont été insuffisants;

ARRÊTE:

Que toutes les chaudières et bassines qui se trouvent sans activité dans les raffineries de sucre, teintures, brasseries, et qui, en général, sont comprises dans les cuivres mis en réquisition, seront, dans toute l'étendue de la République, à la disposition des agents de la régie nationale des poudres et salpêtres, qui en feront payer la valeur en raison du poids et de la main-d'œuvre, conformément à la loi du *maximum*.

A Paris, le 16 Brumaire, an 2 de la République une et indivisible.

Signé au registre, ROBESPIERRE, CARNOT, C. A. PRIEUR, B. BARÈRE, R. LINDET, BILLAUD-VARENNE, COLLOT-D'HERBOIS, JEAN-BON SAINT-ANDRÉ.

Pour extrait,

Signé CARNOT, C. A. PRIEUR.

DÉCRET de la Convention nationale.

N°. III.

Du 14 Frimaire, l'an 2e. de la République une et indivisible.

LA Convention nationale, considérant que tous les citoyens français sont également appellés à la défense de la Liberté; que tous les bras doivent être armés pour elle; que toutes les propriétés doivent concourir aux moyens de repousser la tyrannie, et qu'au moment où les manufactures d'armes à feu se multiplient sur toute la surface de la République, il faut multiplier les fabriques de salpêtre en même proportion; décrète ce qui suit:

ARTICLE PREMIER.

Tous les citoyens, soit propriétaires, soit locataires, excepté ceux dont les habitations sont comprises dans l'arrondissement d'un salpêtrier, et dont il sera parlé ci-après, sont invités à lessiver eux-mêmes le terrain qui forme la surface de leurs caves, de leurs écuries, bergeries, pressoirs, celliers, remises, étables, ainsi que les décombres de leurs bâtiments.

Le salpêtre qu'ils auront ainsi récolté, leur sera payé par la régie des poudres, 24 sols la livre, prix déja déterminé par la loi du 28 août dernier (vieux style.)

I I.

Pour mettre cette opération à la portée de tous les citoyens, il sera envoyé par le comité de Salut public, dans toutes les communes, une instruction sur l'extraction du salpêtre : cette instruction sera lue sous l'arbre de la Liberté, trois décadis consécutifs, et sera déposée à la municipalité, pour être consultée ou transcrite par tous ceux qui voudront en faire usage.

I I I.

Afin de suppléer au travail de ceux qui ne pourroient pas s'y livrer par eux-mêmes, les municipalités sont invitées à former un atelier commun destiné à lessiver les terres, ou à faire évaporer les lessives que les citoyens y feroient transporter.

A cet effet, elles choisiront l'homme le plus propre, par ses connoissances et par son patriotisme, à diriger ces opérations, et à éclairer ses concitoyens sur celles qu'ils voudront faire chez eux.

Le salpêtre provenant de ce travail commun, sera de même payé par la régie, à raison de 24 sols la livre.

I V.

Les municipalités pourront, avec l'approbation de l'administration de district, prendre en location une maison, soit nationale, soit particulière, convenable à l'atelier commun, indiqué dans l'article précédent. Le prix de la location, ainsi que les autres frais des opérations, seront acquittés sur le produit du salpêtre.

V.

Pour assurer le succès de ces nouveaux établissements, la régie nationale des poudres placera dans chaque département un de ses préposés, dont les fonctions auront pour principal objet d'instruire les agents de district dont il sera parlé dans les articles suivants, de juger de leur capacité, et d'entretenir avec eux la correspondance nécessaire. Le ministre des contributions fixera, sur le rapport de la régie des poudres, le traitement de ces préposés.

V I.

Chaque administration de district sera tenue d'envoyer auprès du préposé de la régie dans le département, un citoyen qui fera preuve de connoissances suffisantes, ou qui s'instruira dans le travail de l'extraction du salpêtre, jusqu'à ce que le préposé le juge capable de diriger ce travail.

V I I.

Lorsque le préposé de la régie jugera ce citoyen suffisamment instruit, il lui sera délivré un certificat de capacité, et alors celui-ci sera *reconnu comme agent* du district pour l'exploitation du salpêtre; ce dont il sera donné avis au ministre des contributions publiques par l'administration de district.

V I I I.

Le traitement de ces agents sera de 150 livres par mois. Le ministre les leur fera payer, d'après un certificat d'activité de service, délivré par l'administration de district, et sur les fonds qui sont à sa disposition pour les poudres et salpêtres.

I X.

Les agents de district pour la confection du salpêtre seront chargés de faire une tournée dans toutes les municipalités du district ; ils répandront la connoissance des procédés les meilleurs et les plus économiques : ils feront la visite des lieux qui sont propres à donner du salpêtre, afin de s'assurer qu'il n'y en a point dont l'exploitation soit négligée.

X.

S'il se trouve dans une commune du terrain négligé qui donne l'espérance d'un assez grand produit pour mériter un atelier, l'agent du district le fera établir sous la surveillance de la municipalité, ainsi qu'il a été dit à l'article III.

X I.

Dans le cas où une municipalité auroit besoin de quelque avance de fonds pour subvenir aux premières dépenses de cet établissement, elle en fera la demande à l'administration de district, qui, sur le rapport de son agent, sera autorisé à l'accorder. Cette somme sera prise dans la caisse du receveur du district, et sera remplacée sur le produit du salpêtre récolté par cet atelier ; et en cas d'insuffisance, par une addition d'imposition sur les habitants de la commune.

X I I.

Les citoyens et les municipalités porteront ou feront porter leur salpêtre au chef-lieu de district, à des époques qui seront fixées par l'administration.

Là, l'agent du district jugera si le salpêtre est d'une qualité suffisante, et en constatera la quantité en présence d'un commissaire nommé à cet effet par l'administration de district. Ce commissaire délivrera aux porteurs, des reconnoissances de la valeur des salpêtres reçus, qui seront acquittées à l'instant par le receveur du district.

L'état de la recette des matières et des paiements sera envoyé par l'administration de district au ministre des contributions publiques, qui fera remplacer sans délai le montant de ces sommes dans la caisse du receveur.

X I I I.

Les salpêtres ainsi rassemblés dans les chefs-lieux de district, seront à la disposition de la régie des poudres, qui les fera transporter dans ses établissements pour le raffinage.

X I V.

Le ministre des contributions publiques, sur la demande de la régie des poudres, est autorisé à augmenter le nombre des agents de cette régie, en proportion de l'augmention de ses travaux.

Il sera mis à la disposition de ce ministre une nouvelle somme de quatre millions pour subvenir à la dépense de la fabrication des salpêtres et poudres. Cette somme sera augmentée par la suite, s'il est nécessaire.

X V.

Lorsque l'agent de district jugera que les terrains salpêtrés peuvent être exploités dans l'année par les salpêtriers ordinaires de l'arrondissement, ou lorsque les ateliers de la régie suffiront pour exploiter les terres salpêtrées, les citoyens ne pourront point se livrer à l'extraction du salpêtre de leur terrain.

Les administrations de district veilleront à ce que l'exécution de cet article n'introduise des abus qui tendroient à priver la République d'une partie de la récolte de salpêtre qu'elle a droit d'attendre d'une exploitation active, et dans ce cas elles en informeront promptement le comité de salut public.

X V I.

Le ministre des contributions publiques est chargé de l'exécution du présent décret dans tout ce qui a rapport au service de la régie des poudres. Le comité de salut public surveillera cette exécution dans toutes ses parties. La Convention nationale la recommande à la vigilance patriotique des sociétés populaires.

INSTRUCTION pour tous les Citoyens qui voudront exploiter eux-mêmes du Salpêtre envoyée dans toutes les Municipalités par le comité de Salut public de la Convention nationale, conformément au décret du 14 frimaire de l'an deuxième de la république une et indivisible.

LA Convention nationale, par son décret du 14 de ce mois, a invité tous les citoyens à recueillir eux-mêmes le nitre ou salpêtre qui se forme dans la terre de leurs caves, écuries, granges, celliers, remises, et autres lieux bas des habitations, ainsi que celui qui se trouve dans les décombres de leurs bâtimens. Elle leur donne la faculté de le vendre à la régie des poudres 24 sols la livre, afin que chacun, en servant la République, tire un nouveau produit de sa propriété.

Le nitre ou salpêtre est, comme l'on sait, la principale matière qui entre dans la composition de la poudre de guerre. Quel est donc le républicain qui ne s'efforcera pas d'en fournir à sa patrie ? Le travail en est facile ; chacun dans son ménage pourra l'exécuter en suivant les procédés que l'on va exposer.

Ces procédés se réduisent à trois opérations principales :

1.° RECONNOITRE ET CHOISIR LES TERRES SALPÊTRÉES ;

2.° LESSIVER CES TERRES ;

3.° ÉVAPORER OU RÉDUIRE LA LESSIVE POUR EN OBTENIR LE SALPÊTRE.

PREMIÈRE

PREMIÈRE OPÉRATION.

Du choix et de la fouille des terres.

Toutes les terres ne sont pas également propres à la fabrication du salpêtre. Une terre mêlée de beaucoup de sable, ou fort graveleuse, en contient rarement : il en est de même de celle où la glaise domine; mais les terres végétales, marneuses, coquillières, et les craies, sont très-favorables à la production de ce sel. Il ne se forme point dans les lieux trop secs, et une trop grande humidité lui est également contraire ; enfin dans les lieux même où il se forme le plus abondamment, il est des places qui en contiennent beaucoup, et d'autres fort peu. La partie, par exemple, d'une écurie ou d'une bergerie qui est le plus habituellement imprégnée de l'urine des animaux, en contient peu; on en trouve davantage à mesure qu'on se rapproche de la mangeoire : il est plus uniformément répandu dans les caves.

La première connoissance nécessaire pour l'extraction du salpêtre, est celle des signes auxquels on distingue une terre qui en contient, de celle qui en est dépourvue ; il y a plusieurs moyens pour parvenir à ce but : le plus simple, celui qui peut suppléer à tous les autres, consiste à goûter la terre qu'on soupçonne salpêtrée. On creuse dans cette terre, d'abord à 2 ou 3 pouces de profondeur ; on en prend une petite portion, sur laquelle on applique la langue pendant un instant. Si la terre est salpêtrée, on la trouve fraîche, amère, légèrement piquante et un peu salée ; si elle ne l'est point, elle est insipide comme la terre des champs ; on continue ensuite à creuser et à faire l'essai de la terre, jusqu'à ce qu'on n'y trouve aucune saveur ; on fait cette épreuve dans cinq ou six endroits du local dont on se propose d'extraire la terre salpêtrée, et l'on est en état de reconnoître ainsi toute la quantité de terre qu'on peut exploiter avec succès.

DEUXIÈME OPÉRATION.

Du lessivage des terres salpêtrées.

Le salpêtre se dissout dans l'eau, comme le sucre ou comme le sel de cuisine. Si donc on délaie une terre salpêtrée dans une quantité suffisante d'eau, le salpêtre se fond ou se dissout, mais la terre ne se fond pas : c'est ce qui donne le moyen de séparer le salpêtre de la terre par le lessivage.

Pour cela on rassemble des cuviers ou des tonneaux; on divise par la scie chaque tonneau en deux parties, qui deviennent par-là deux cuviers, au moyen d'une bonde ou d'un trou que l'on fait au bas, comme pour les lessives des linges.

L'atelier le plus simple est composé de trois de ces cuviers. Pour un travail plus considérable, on peut augmenter le nombre de ces cuviers, trois par trois, autant qu'il est nécessaire; cela ne change rien au procédé que l'on va décrire, en supposant qu'il n'y ait réellement que trois cuviers.

Chacun de ces cuviers ayant à son fond une bonde qui doit servir à l'issue de l'eau, on couvre cette bonde d'une poignée de paille qu'on assujetit avec une tuile ou un morceau de bois. On fait au fond du cuvier un lit de deux pouces d'épaisseur, de menu bois ou de sarment, qui sert à arrêter la terre et à laisser filtrer l'eau.

On remplit de terre les trois cuviers; ensuite on verse sur le premier de l'eau, jusqu'à ce qu'il en reste deux travers de doigt, qui surnage la terre. Après avoir laissé en repos le cuvier pendant environ trois heures, on remue la terre avec une pelle ou une spatule de bois. On laisse encore reposer trois heures; on ouvre la bonde, et on laisse écouler l'eau, que l'on reçoit dans un vaisseau placé au-dessous.

L'eau qui sort du premier cuvier est repassée de la même manière sur le second, qui contient de la terre neuve; après cela, elle est assez chargée de salpêtre, et on la réserve pour l'évaporation.

On repasse de l'eau nouvelle d'abord sur le premier cuvier; ensuite on la reporte sur le second, et enfin sur le troisième; et cette eau qui a passé en dernier lieu sur la terre neuve, est encore assez chargée, et doit être réservée pour l'évaporation.

Cela fait, on remplit de terre neuve le premier cuvier, qui devient alors le troisième; on passe de l'eau nouvelle sur la terre qui a été lavée deux fois; on la reporte sur celle qui ne l'a été qu'une fois, et enfin sur la terre neuve, et on réserve encore cette eau pour l'évaporation.

On continue ainsi de suite à renouveller la terre qui a été lavée trois fois, et à repasser de l'eau nouvelle sur les trois cuviers; de manière qu'on ne porte à l'évaporation que l'eau qui a passé sur trois cuviers, le dernier étant chargé de terre neuve, et que l'on ne renouvelle la terre d'un cuvier, que lorsqu'elle a été lessivée trois fois, et en dernier lieu par de l'eau pure.

Les terres lessivées peuvent être reportées sans inconvéniens dans les lieux d'où on les avoit extraites. Elles s'y rechargent d'elles-mêmes de salpêtre, et plus promptement encore qu'elles ne l'avoient fait la première fois.

Si l'on ajoutoit des cendres du feu aux terres à lessiver, on obtiendroit du salpêtre en plus grande quantité et plus pur : c'est la méthode des salpêtriers. Pour l'employer avec la plus grande économie possible, et sans se priver de l'usage que l'on a coutume de faire des cendres, il suffiroit d'ajouter à l'eau que l'on verse sur les cuviers, les eaux qui ont servi à la lessive du linge, au lieu de les jetter. Ce moyen donneroit une valeur très-utile à une matière qu'on a mal-à-propos l'habitude de perdre, parce que jusqu'à-présent la manière d'en tirer parti n'avoit pas été indiquée.

Il faut néanmoins se garder d'employer les eaux de lessive qui contiennent de la soude; ainsi, celles des blanchisseuses, à Paris, ne conviennent point à cet objet.

TROISIÈME OPÉRATION.

De l'évaporation.

L'évaporation consiste à faire bouillir à petits bouillons, dans une chaudière ou dans un chaudron, l'eau qui a passé sur les terres salpêtrées, jusqu'à ce qu'elle soit assez réduite pour donner son salpêtre par le refroidissement. A mesure que l'eau diminue, on remplit avec de l'eau salpêtrée nouvelle, tant qu'on en a; et pour éprouver si la liqueur est au degré convenable, on en prend une cuillerée qu'on fait refroidir, et dans laquelle on doit alors appercevoir de petites pointes brillantes en forme d'aiguilles. C'est la marque certaine que la liqueur est à son point, et alors on la retire de dessus le feu, ou on la verse dans des terrines de terre, de cuivre ou de fer, suivant qu'on les a à sa disposition. On laisse reposer cette liqueur pendant trois ou quatre jours; il se forme au fond et tout autour du vase des cristaux brillants : c'est le salpêtre dans l'état où on doit le livrer.

Il ne s'agit plus, pour l'obtenir, que de verser la liqueur qui le surnage, et de la laisser égouter pendant quelques jours, en inclinant le vase.

On a grand soin de recueillir cette eau et de la réunir à celles de plusieurs opérations semblables, pour la faire évaporer de nouveau comme la première fois; parce qu'elle contient encore une quantité considérable de salpêtre.

Pendant cette seconde évaporation, il se forme des cristaux d'un sel différent du salpêtre : c'est du sel marin, du sel de cuisine. A mesure qu'il se forme, il faut le recueillir avec une écumoire, et le mettre dans un panier d'osier que l'on suspend au-dessus de la chaudière, pour ne rien perdre de ce qui peut en dégoutter.

Quand à-peu-près la moitié de la liqueur est évaporée, on retire la chaudière, et on fait cristalliser comme la première fois.

Le sel marin dont on vient de parler peut servir à plusieurs usages. Il peut être donné au bétail comme le sel ordinaire, après avoir été lavé dans une petite quantité d'eau pure. Il peut servir aux salaisons, et il a même l'avantage de leur donner une couleur rougeâtre ; ce qui est dû à une petite partie de salpêtre qu'il retient ; et c'est pour obtenir cet effet que les charcutiers mêlent souvent un peu de salpêtre dans le sel dont ils font usage.

L'eau qui surnageoit la dernière cristallisation et que l'on en a séparée, peut encore fournir du salpêtre ; mais il faut une connoissance plus particulière de l'art du salpêtrier pour en obtenir le produit, et il faut avoir à sa disposition une quantité suffisante de potasse ou de cendres : nous conseillons donc de réunir ces eaux, connues sous le nom d'*Eaux-meres*, et de les envoyer à l'établissement de la régie des poudres le plus voisin, à moins que l'agent du district, celui de la commune, ou quelque homme expérimenté, ne se charge de les traiter.

Si chaque citoyen s'imposoit le devoir de fournir au moins une livre de salpêtre, il en résulteroit presque en un instant un approvisionnement de vingt-cinq millions, qui seroit plus que suffisant pour terrasser tous les esclaves des tyrans.

Le Comité de Salut public, ayant approuvé l'instruction ci-dessus, arrête qu'en conformité du décret du 14 de ce mois, elle sera lue sous l'arbre de la Liberté, dans toutes les communes de la République, trois *Décadis* consécutifs, à compter du premier qui suivra la réception de cette instruction ; qu'elle sera affichée à demeure, et conservée à la municipalité pour être consultée au besoin par tous ceux qui voudront en faire usage.

Paris, le 14 Frimaire, l'an 2 de la République une et indivisible.

Signé à l'original, les membres du Comité de salut public : Robespierre, Couthon, Carnot, Barère, Billaud-Varenne, Lindet, C. A. Prieur.

N.° IV.

Arrêté du comité de Salut public de la Convention nationale.

Du 23 Frimaire, an 2 de la République.

Le comité de Salut public étant chargé, par le décret du 14 frimaire, concernant les salpêtres, de la surveillance immédiate de tout ce qui concerne cet objet important, et en conséquence du décret du même jour, qui met en requisition les imprimeries qui, dans les départements, étoient employées à la réimpression des loix ;

Arrête :

Que chaque administration de district, aussitôt après avoir reçu la loi du 14 frimaire, sur les salpêtres, et l'instruction qui y est annexée, les feront réimprimer l'une et l'autre, en placard, pour être affichées dans toutes les communes, en assez grand nombre pour obtenir une très-grande publicité ; que les frais de cette impression seront acquittés, dans les départements, sur les fonds précédemment affectés à la réimpression des loix et dans les mêmes formes ; enfin, que chaque administration de district informera, sans délai, le comité de Salut public de ce qu'elle aura fait pour l'exécution du présent arrêté.

A Paris, 23 frimaire, an 2 de la République une indivisible.

Signé au registre, Robespierre, B. Barère, Carnot, C. A. Prieur, R. Lindet, Billaud-Varenne, Couthon, et Saint-Just.

Pour extrait.

N.° V.

Arrêté du comité de Salut public de la Convention nationale.

Du 29 Frimaire, an 2 de la République.

Le comité de Salut public, considérant qu'il est nécessaire d'augmenter la quantité de salpêtre pour fabriquer la poudre, par laquelle nous devons terrasser les ennemis de la République, qu'en même-temps que l'on s'occupe de toutes parts à fabriquer du salpêtre brut, il faut établir des raffineries pour purifier ce salpêtre et en fabriquer de la poudre ;

Arrête :

1.° Que les directoires des départements feront le relevé de toutes les chaudières de cuivre qui servent, soit à faire de la bière, soit à raffiner du sucre, et qui seront assez grandes pour être employées à la purification du salpêtre.

2.° Qu'ils feront connoître tous les hommes en état de travailler à la purification du salpêtre.

3.° Que ces états seront envoyés au comité de Salut public, dix jours après la réception du présent arrêté.

Paris, le 29 frimaire, an 2 de la République, une et indivisible.

Signé au registre, Robespierre, Carnot, C. A. Prieur, B. Barère, A. Couthon, R. Lindet, Billaud-Varenne, Saint-Just, Collot-d'Herbois, Jean-Bon Saint-André.

Pour extrait.

Signé, Carnot, C. A. Prieur.

N.° VI.

Arrêté du comité de Salut public de la Convention nationale.

Du 4 Nivôse, an 2 de la République.

Le comité de Salut public considérant que la loi du 14 frimaire sur l'exploitation du salpêtre a pour objet de procurer à la République une quantité de poudre proportionnée au nombre des défenseurs de la liberté ; mais que, pour parvenir à ce but, son exécution doit être surveillée avec toute la sollicitude que doit inspirer la défense de la République ;

Arrête ce qui suit :

Huit inspecteurs temporaires, commissaires du comité de Salut public, seront chargés de la surveillance des travaux des poudres et salpêtres, dans toute l'étendue de la République.

Il sera fait huit arrondissements, dont chacun sera attribué à l'un des inspecteurs.

Chaque inspecteur sera tenu de parcourir et visiter les départements qui seront confiés à sa surveillance, d'examiner la conduite des agents chargés de l'exécution de la loi du 14 frimaire, d'indiquer et de provoquer les établissements utiles pour accroître et accélérer le travail de la poudre et du salpêtre, de surveiller les versements du produit des fabrications, de répandre les lumières et l'ardeur républicaine pour l'exploitation que réclame la patrie.

Les mêmes inspecteurs s'occuperont des moyens d'augmenter la fabrication des salins et potasses.

Ils entretiendront avec le comité de Salut public, une correspondance active, soit pour l'instruire de l'état de la fabrication, soit

soit pour lui dénoncer les administrations ou agents négligents, incapables ou malveillants.

A raison des dépenses extraordinaires qu'entraînent les voyages qu'ils seront dans le cas de faire, il leur sera alloué sept cents livres par mois pour tout traitement, au moyen de quoi ils ne pourront répéter que les seuls frais de postes, chevaux et voitures.

Ils conserveront le rang qu'ils pouvoient occuper dans d'autres services, pour reprendre leurs fonctions quand le comité de Salut public jugera que leur mission est achevée. Toutefois ils ne pourront, pendant qu'elle durera, jouir d'un autre traitement.

Il est enjoint aux autorités civiles et militaires de seconder ces inspecteurs, de tout leur pouvoir.

Paris, le 4 nivôse, an 2 de la République, une et indivisible.

Signé au registre, ROBESPIERRE, CARNOT, C. A. PRIEUR, B. BARÈRE, A. COUTHON, R. LINDET, BILLAUD-VARENNE, SAINT-JUST, COLLOT-D'HERBOIS, JEAN-BON SAINT-ANDRÉ.

Pour extrait.

Signé, CARNOT, C. A. PRIEUR.

ARRÊTÉ du comité de Salut public de la Convention nationale. N.° VII.

Du 29 Nivôse an 2 de la République.

LA loi des 28 et 31 août 1793, (vieux style,) a mis en réquisition actuelle les employés et ouvriers dans les ateliers, raffineries de salpêtre et fabriques de poudre. Le comité de Salut public a, par un arrêté du 23 frimaire, chargé les administrations de district de veiller à ce que les employés et ouvriers des ateliers des raffineries de salpêtre et des fabriques de poudre, mis en réquisition, ne soient pas détournés des travaux dont ils sont chargés ; de l'informer des infractions qui seroient faites à cette loi, et de lui envoyer le nom de ceux qui seroient partis pour les armées et celui des corps où ils se trouvent, afin que le comité les fasse revenir, s'il y a lieu ;

Considérant que ces mesures laissent des incertitudes dans quelques circonstances qui n'ont pas été suffisamment déterminées, et que cependant les besoins impérieux de la République nécessitent de retenir dans les ateliers de salpêtre et poudre tous ceux qui y remplissent un service effectif, en prévenant les abus qui pourroient en résulter, si les lâches pouvoient se prévaloir d'une exception exigée par nos besoins, pour se soustraire à la réquisition militaire, sans occuper leurs bras aux travaux pour lesquels ils paroîtroient engagés ; le comité de Salut public arrête :

1.° Que les administrations de district, chargées de surveiller l'exécution de la loi des 28 et 31 août, enverront au ministre de la guerre la désignation des citoyens employés aux poudres et salpêtres, à l'époque de la loi, et qui ont été incorporés pour le service militaire, avec celle du corps et du lieu où ils se trouvent.

2.° Le ministre de la guerre donnera sans délai des ordres pour que ces citoyens soient renvoyés aux ateliers qu'ils ont abandonnés.

3.° Relativement à ceux qui n'avoient pas été en activité au 31 août, les administrations de district examineront s'ils ont été employés d'une manière utile et effective au travail des salpêtres ou à celui des poudres.

4.° Elles enverront au ministre de la guerre le nom de ceux qu'elles auront jugé remplir un service utile, et qui se trouveront dans un corps militaire, avec la désignation de ce corps.

5.° Elles donneront à tous ceux qui travaillent utilement aux poudres et salpêtres, et qui sont dans l'âge de la réquisition militaire, un acte de réquisition, motivé sur la loi, pour le travail des poudres et salpêtres.

6.° Ceux qui s'opposeront aux réquisitions faites en conséquence de cet arrêté, seront dénoncés comme suspects, et poursuivis comme tels.

7.° L'agent national de chaque district informera chaque mois le comité de Salut public de ce que l'administration de district aura fait en exécution du présent arrêté.

8.° L'agent national sera responsable de la non-exécution, tant de sa part, que de celle de l'administration.

9.° Le présent arrêté sera envoyé à chaque district et au ministre de la guerre, pour qu'ils s'y conforment, chacun en ce qui les concerne.

A Paris, le 29 nivôse, an 2 de la République, une et indivisible.

Signé au registre, Robespierre, Carnot, C. A. Prieur, R. Lindet, B. Barère, Billaud-Varenne, Jean-Bon Saint-André, A. Couthon, Collot-d'Herbois.

Pour extrait.

Signé, C. A. Prieur.

Arrêté du comité de Salut public de la Convention nationale.

N.° VIII.

Du 7 Pluviôse, an 2 de la République.

Le comité de Salut public considérant combien il est important de créer et de mettre en activité dans la commune de Paris des établissements pour fabriquer de la poudre de guerre, par les procédés aussi faciles qu'expéditifs, qui viennent d'être inventés, de hâter la récolte du salpêtre brut, extrait par les citoyens eux-mêmes et par les sections, en vertu de la loi du 14 frimaire dernier; enfin, de monter des ateliers suffisants pour raffiner ce salpêtre, en profitant des méthodes plus abrégées que celles usitées jusqu'à-présent;

Considérant que la régie des poudres, retenue par les formes de son institution, et ayant cependant de grandes augmentations à faire à ses travaux, n'a pas les moyens de suffire à celui qu'exige l'impulsion révolutionnaire qu'il faut donner à la fabrication des salpêtres et poudres ;

Arrête ce qui suit :

1.° Il y aura à Paris une administration de la fabrication révolutionnaire des salpêtres et poudres de cette commune.

2.° Cette administration sera composée de trois membres, avec une responsabilité solidaire.

3.° Le comité de Salut public les nommera, sur la présentation du conseil général de la commune de Paris.

4.° Ils auront chacun 8,000 livres d'appointements, par an, comme les membres de l'administration centrale de la fabrication extraordinaire des armes.

5.° Les fonctions de cette administration seront d'entretenir une correspondance active avec les sections de Paris, relativement aux salpêtres, tant des ateliers communs que de ceux des particuliers ; de presser et d'encourager leurs travaux, de savoir ce qu'ils produiront par décade, de recueillir ces produits et de les placer dans des magasins, d'administrer le raffinage de ces salpêtres, par les procédés les plus avantageux ; de créer les établissements, et de nommer les agents nécessaires à ce raffinage ; enfin d'administrer la fabrication révolutionnaire des poudres, de former les établissements nécessaires, ainsi que les magasins qui doivent en dépendre, et assurer l'approvisionnement des matières dont on a besoin pour cette fabrication.

6.° Aussitôt après sa nomination, l'administration cherchera le local convenable pour s'y installer, et elle formera promptement les bureaux nécessaires à son travail.

7.° Les poudres faites seront emmagasinées près des lieux de leur fabrication.

L'administration en donnera, par décade, l'état au comité de Salut public, qui les distribuera aux ministres de la guerre et de la marine, suivant les besoins de la République.

8.° L'administration des salpêtres et poudres révolutionnaires de Paris, aura des fonds déterminés à sa disposition, pour l'acquittement de toutes les dépenses relatives à ses fonctions. Elle sera chargée de la comptabilité de ces dépenses et en sera responsable. Elle sera totalement indépendante du ministre des contributions publiques et de la régie des poudres.

Elle sera sous l'autorité et la surveillance immédiate du comité de Salut public.

9.° Outre l'administration, il y aura un commissaire du comité de Salut public, pour surveiller en son nom tous les travaux révolutionnaires, relatifs aux salpêtres et poudres.

Il aura voix délibérative à l'administration.

Ses fonctions seront déterminées par un arrêté particulier.

A Paris, le 7 Pluviôse, an 2 de la République une et indivisible.

Signé au registre, Robespierre, Carnot, C. A. Prieur, R. Lindet, B. Barère, Billaud-Varenne, Jean-Bon Saint-André, A. Couthon et Collot-d'Herbois.

Pour extrait.

Signé Carnot, C. A. Prieur.

Décret de la Convention nationale.

N.° IX.

Du 13 Pluviôse, l'an 2 de la République.

La convention nationale, après avoir entendu le rapport du comité de Salut public, sur la nécessité d'augmenter la fabrication d'armes, de salpêtres et de poudres, pour accroître tout-à-coup, dans une grande proportion, les moyens de défense de la République, et d'exterminer ses ennemis; Décrète :

Article Premier.

Il sera formé une commission des armes et des poudres de la République, qui réunira tout ce qui a rapport à la fabrication de ces deux objets, et qui sera composée de trois membres, nommés par la Convention nationale, sur la présentation du comité de Salut public.

I I.

Ces trois commissaires délibéreront entre eux sur les objets de leur établissement, déterminés ci-après.

Ils dirigeront immédiatement les divers établissements, manufactures, fabriques, fonderies et ateliers d'armes, dans toute l'étendue de la République, ainsi que la fabrication extraordinaire d'armes, dont le centre est établi à Paris, par décret du 23 août 1793 (vieux style.)

I I I.

Les trois membres de la commission des armes et poudres sont responsables solidairement.

L'un d'eux signera alternativement toutes les opérations et les ordres émanés d'elle, pendant quinze jours.

Il aura séance au conseil exécutif provisoire.

Le traitement de chacun de ces commissaires sera de 12,000 liv. par an.

I V.

Cette commission s'occupera des objets suivants.

1.° De la fabrication des bouches-à-feu, des affûts et de tout ce qui tient au matériel de l'artillerie de terre et de mer.

2.° Des fusils, carabines, pistolets, et de toute espèce d'armes à feu.

3.° Des sabres, piques, baïonnettes, et de toute espèce d'armes blanches.

4.° De la fabrication des salpêtres, potasses et poudres, et de la confection de toutes les matières qui y sont nécessaires ou qui en proviennent;

5°. De la construction, entretien et surveillance des divers établissements, magasins, arsenaux de la guerre et de la marine.

V.

La commission est chargée de pourvoir aux approvisionnements des matières de toute espèce, nécessaires à la fabrication des armes et des poudres.

En conséquence, elle passera les marchés convenables. Elle pourra exercer le droit de réquisition et de préhension sur tous les objets nécessaires à cette fabrication, et existants dans l'intérieur de la République.

Quant aux matières qui viennent de l'étranger, la commission des armes et des poudres se concertera avec la commission des subsistances et des approvisionnements.

V I.

Les bureaux des ministres de la marine, de la guerre et des contributions publiques, attachés au matériel de l'artillerie, des armes et des poudres, seront distraits sur-le-champ, et feront partie de l'organisation des bureaux de la commission. Les papiers seront transférés dans la maison nationale qui sera indiquée pour servir aux travaux de la commission des poudres et des armes.

V I I.

La régie des poudres et salpêtres continuera ses travaux ordinaires. Elle cessera d'être sous l'autorité du ministre des contributions publiques, pour passer sous celle de la commission nationale.

V I I I.

Tous les arsenaux et magasins d'artillerie, d'armes, poudres et salpêtres, seront mis sous la direction et autorité de la commission; les effets seront délivrés par elle aux ministres de la guerre et de la marine, d'après une délibération du conseil exécutif provisoire, et sous leur récépissé.

I X.

Les compagnies d'ouvriers cesseront d'être attachées au corps de l'artillerie et de former corporation. Les citoyens qui les composeront, seront employés individuellement par la commission, en qualité d'artistes.

X.

La commission des armes et poudres est placée sous la surveillance immédiate du comité de Salut public, à qui elle rendra compte de toutes ses opérations.

X I.

La trésorerie nationale tiendra à la disposition de cette commission, une somme de quarante millions, pour subvenir à toutes les dépenses de cette fabrication révolutionnaire.

Les fonds décrétés pour la fabrication extraordinaire d'armes, sont mis à la disposition de la commission, ainsi que la somme mise à la disposition du ministre des contributions publiques, par l'article XIV du décret du 14 Frimaire.

X I I.

Le comité de Salut public est autorisé à prendre, pour l'exécution du présent décret, toutes les mesures nécessaires pour la préparation et l'exécution des travaux de cette commission.

X I I I.

Les trois ministres continueront d'avoir la signature dans la partie des armes et poudres, jusqu'au premier Ventôse, jour auquel la nouvelle commission prendra l'exercice de ses fonctions.

DÉCRET,

N°. X.

DÉCRET de la Convention nationale.

Du 13 Pluviôse, l'an 2 de la République.

LA Convention nationale, après avoir entendu le rapport de son comité de Salut public, décrète :

ARTICLE PREMIER.

Ceux qui entraveront ou ralentiront, par des défiances ou par des propos malveillants, les mesures prises par le comité de Salut public, par les sections ou les citoyens, pour la fabrication extraordinaire du salpêtre et de la poudre, seront traités comme suspects, et détenus jusqu'à la paix.

II.

Les dispositions pénales portées contre ceux qui s'opposent à la fabrication des armes ou aux réquisitions du comité de Salut public, ou celles de la commission, sont communes à ceux qui empêcheroient la fabrication du salpêtre et des poudres.

N°. XI.

DÉCRET de la Convention nationale.

Du 13 Pluviôse, l'an 2 de la République.

LA Convention nationale, après avoir entendu le rapport du comité de Salut public, décrète :

ARTICLE PREMIER.

Il sera procédé incessamment à une coupe extraordinaire de

bois dans toutes les forêts existantes sur le territoire de la République.

I I.

Chaque propriétaire sera tenu de faire couper, cette année, la partie de bois qui auroit dû être mise en coupe l'année prochaine.

I I I.

Les corps administratifs seront tenus d'adresser à la commission des subsistances et des approvisionnements, des états de toutes les coupes qui devront être faites, en exécution du présent décret, tant dans les forêts nationales que dans les bois et forêts des citoyens.

I V.

Ils rendront pareillement compte des mesures qui auront été ou qui seront prises pour en assurer l'exploitation.

V.

Les corps administratifs seront tenus de pourvoir, sans délai, à l'exploitation des coupes dans les bois et forêts des particuliers, qui refuseroient ou négligeroient d'y faire procéder.

V I.

Les bois qui proviendront de cette coupe extraordinaire pourront être mis en réquisition par la commission des armes et poudres de la République, suivant le besoin qu'elle en aura pour les forges, fourneaux, usines, ateliers, ainsi que pour se procurer la potasse nécessaire à la fabrication du salpêtre.

DÉCRET de la Convention nationale.

N.° XII.

Du 13 Pluviôse, l'an 2 de la République.

LA Convention nationale, après avoir entendu le rapport du comité de Salut public, nomme les citoyens Dupin, Capon et Benezech, pour remplir la fonction de la commission nationale des armes et poudres de la République.

ARRÊTÉ du comité de Salut public de la Convention nationale.

N.° XIII.

Du 16 pluviôse, l'an 2 de la République.

LE comité de Salut public, instruit que les délais apportés à l'exécution de l'article V de la loi du 14 frimaire, qui charge la régie nationale des poudres et salpêtres d'établir dans chaque département de la République un préposé qui doit donner un certificat de capacité aux agents nommés par les administrations de district, sont un obstacle qui s'oppose à l'activité et au zèle des bons républicains;

ARRÊTE:

Que les inspecteurs nommés, par le comité de Salut public, pour parcourir les départements, sont autorisés à donner eux-mêmes des certificats de capacité aux agents nommés par les districts, pour l'exploitation des salpêtres, lorsqu'ils jugeront qu'ils sont en état de remplir leurs fonctions, et qu'ils pourront faire toutes les réquisitions nécessaires pour la prompte exécution de la loi du 14 frimaire.

A Paris, le 16 Pluviôse, an 2 de la République Française, une et indivisible.

Signé au registre, ROBESPIERRE, BILLAUD-VARENNE, CARNOT, C. A. PRIEUR, BARÈRE, A. COUTHON, COLLOT-D'HERBOIS et SAINT-JUST.

Pour extrait.

Signé CARNOT, C. A. PRIEUR.

N°. XIV.

ARRÊTÉ du comité de Salut public de la Convention nationale.

Du 16 pluviôse, l'an 2 de la République.

LE comité de Salut public considérant que le zèle des citoyens des sections de Paris ne peut que contribuer à l'augmentation prompte de la récolte du salpêtre, et qu'il est nécessaire de favoriser ce zèle par tous les moyens convenables;

ARRÊTE:

Que la régie nationale des poudres et salpêtres, chargée d'exploiter les souterrains des maisons nationales, par l'arrêté du 28 nivôse, ne fera exploiter que celles dans lesquelles les sections n'auroient point formé d'établissements propres à en retirer le nitre; qu'elle laissera à l'ardeur républicaine des sections l'exploitation qu'elles auroient commencée dans celles de ces maisons qui se trouvent dans leurs arrondissements.

A Paris, le 16 pluviôse, an 2 de la République, une et indivisible.

Signé au registre, CARNOT, C. A. PRIEUR, B. BARÈRE, R. LINDET, COLLOT-D'HERBOIS, SAINT-JUST, ROBESPIERRE, BILLAUD-VARENNE et A. COUTHON.

Pour extrait.

Signé CARNOT, C. A. PRIEUR.

ARRÊTÉ du Comité de Salut public de la Convention nationale. N°. XV.

Du 25 Pluviôse, l'an 2 de la République.

LE Comité de Salut public, considérant qu'il est important de donner aux salpêtriers de la République tout l'approvisionnement de matériaux salpêtrés nécessaires à l'extraction du salpêtre qu'ils sont capables de faire dans une année, même en admettant l'augmentation de travail dont leurs ateliers et leurs moyens sont susceptibles ;

ARRÊTE :

Que la régie des poudres nommera sur-le-champ un commissaire qui, conjointement avec un autre commissaire nommé par l'administration de la fabrication révolutionnaire, sera chargé de visiter tous les ateliers des salpêtriers de Paris, de vérifier la quantité de matériaux qu'ils ont, et de déterminer celle qu'il est nécessaire de leur donner pour le travail d'une année, au moyen de quoi les salpêtriers ne pourront rien prétendre sur les terres des souterrains exploités par les citoyens de Paris. Chaque nouveau salpêtrier, nommé par la régie, sera pourvu, par le même moyen, de la quantité de matériaux salpêtrés, pour son exploitation pendant une année.

A Paris, le 25 pluviôse, an 2 de la République, une et indivisible.

Signé au registre, ROBESPIERRE, CARNOT, R. LINDET, B. BARÈRE, C. A. PRIEUR, BILLAUD-VARENNE, COUTHON et COLLOT-D'HERBOIS.

Pour extrait.

Signé, CARNOT, C. A. PRIEUR.

N.° XVI.

ARRÊTÉ du Comité de Salut public de la Convention nationale.

Du 9 Ventôse, an 2 de la République.

LE Comité de Salut public, en conséquence de son arrêté du 4 Nivôse, relatif à la division des travaux de la commission des armes et poudres de la République, arrête ce qui suit :

1.° L'administration révolutionnaire des poudres et salpêtres, déja établie à Paris, sera augmentée de deux membres qui seront nommés par la commission des armes et poudres.

2.° Un mois après leur nomination, les cinq administrateurs se réuniront, ils s'épureront, en prenant pour base de l'épuration les lumières et le patriotisme. A l'avenir, lorsqu'il faudra remplacer un administrateur, les membres de l'administration présenteront eux-mêmes les candidats à la réception de la commission.

3.° Les fonctions qui avoient été déléguées aux administrateurs, par l'arrêté du 7 pluviôse, pour la fabrication révolutionnaire des salpêtres et poudres à Paris, s'étendront à toute la République.

4.° A cet effet, elle sera chargée de recueillir les salpêtres fabriqués par les citoyens, les communes, les sections et les districts de la République, et à faire raffiner le salpêtre qu'elle aura recueilli, et de fabriquer la poudre par la méthode révolutionnaire.

5.° Elle prendra sous ses ordres les agents de district nommés en vertu de la loi du 14 frimaire, les préposés nommés depuis le décret, par la régie, et dont la régie sera chargée de lui faire passer la liste dans la décade; elle nommera dans les lieux où il n'y en a point encore, des préposés pour l'exécution de cette loi.

6.° La régie et l'administration créées par le présent arrêté, nommeront chacune un commissaire pour se concerter sur les parties de comptabilité qui devront passer d'une administration à l'autre.

7.° Elle établira des raffineries dans les lieux qui seront jugés convenables, après avoir pris l'avis du comité de Salut public, et placera à la tête de ces établissements des citoyens instruits dans l'art du raffinage, qu'elle choisira préférablement parmi ceux qui auront assisté aux cours révolutionnaires.

8.° Elle formera également, d'après l'approbation du comité de Salut public, des établissements pour la fabrication de la poudre, suivant les procédés révolutionnaires.

9.° Pour les emplacements des fabriques désignées, l'administration s'adressera au comité de Salut public, qui mettra à sa disposition les maisons qu'il sera nécessaire de consacrer à ce travail.

10.° L'administration sera chargée de l'exploitation révolutionnaire des terres salpêtrées dans les maisons nationales qui ne seront point exploitées par les sections. Elle fera également exploiter dans les différentes communes de la République, les maisons nationales qui ne seront point exploitées par les citoyens.

11.° La commission des armes et poudres fournira à l'administration révolutionnaire, qui sera tenue de lui en rendre compte, les fonds et les matières nécessaires à ces travaux.

12.° La commission des armes et poudres préviendra, par une circulaire, tous les agents attachés ci-devant à la régie nationale des poudres, et qui, d'après cet arrêté, doivent passer sous l'autorité de l'administration révolutionnaire, que c'est à cette administration qu'ils doivent rendre compte de leurs opérations.

13.° La commission des armes et poudres prendra toutes les mesures nécessaires pour la prompte exécution du présent arrêté.

A Paris, le 9 Ventôse, an 2 de la République une et indivisible.

Signé au registre, Robespierre, Carnot, C. A. Prieur, B. Barère, A. Couthon, R. Lindet, Saint-Just, Billaud-Varenne, Collot-d'Herbois et Jean-Bon Saint-André.

Pour extrait.

Collot-d'Herbois, C. A. Prieur.

N°. XVII.

Décret de la Convention nationale, qui supprime les commissions de salpêtriers, données par le Conseil exécutif.

Du 27 ventôse, l'an 2 de la République.

La Convention nationale, après avoir entendu le rapport de son comité de Salut public, Décrète :

Article Premier.

Les commissions de salpêtriers, données par le Conseil exécutif, sont supprimées.

II.

I I.

Ceux qui en étoient pourvus continueront néanmoins de se livrer à l'exploitation du salpêtre, et recevront incessamment de nouveaux pouvoirs, qui leur seront envoyés par la commission des armes et poudres de la République.

TABLE.

Numéros.

Numéros.

www.ingramcontent.com/pod-product-compliance
Ingram Content Group UK Ltd.
Pitfield, Milton Keynes, MK11 3LW, UK
UKHW021038180726
13838UKWH00004B/1874